글.. 진분홍
그림.. 송하나·김민

휴앤스토리

차례

시작	4
탄생	8
이별	16
발견	24
다시 빛	34
만남	42
쓸데없는 것의 가치	50

사라진 아이	**58**
재회	**64**
사랑할 결심	**82**
꿈	**86**
진실	**94**
다시 만난 꿈	**102**
푸른별	**110**
저자의 말	**118**

시작

오늘 밤도 별들은
네가 밤을 무서워하지 않도록
반짝일 단장을 하고 있어.

해가 얼굴을 내밀면 새들은 하루를 시작해.
새들은 꽃들의 향기를 맡고 구름 위를 날기도 하지.
힘들 땐 나뭇가지에 앉아 사람들을 구경하기도 해.

그런데 해가 하늘에서 얼굴을 감출 때에도
하루를 시작하기 위해 부지런을 떠는 친구들이 있어.

어둠의 시작이 하루가 되는 생명들.
바로 별들이지.

우리가 밤이 되어도 두렵지 않은 이유는
자신을 정성스레 단장해서 빛을 내는 별들 덕분이야.

오늘 밤도 별들은 네가 밤을 무서워하지 않도록
반짝일 단장을 하고 있어.

오늘은 그 별들 중에 아주 특별한 별의 이야기를 해주려고 해.

탄생

'내 빛의 시작은 어디에서 오는 걸까?'

어둠이 가득하지만 무섭지 않은 잔잔한 밤하늘.

그날도 늘 그렇듯이 하늘은 평화로웠어.
은은하고 큰 달빛 주위로 떠다니는 구름과 차가운 공기 사이로 흐르는 은하수.
그리고 별들은 보석처럼 이따금 빛났지.

그때
동쪽 멀리서 소란스러운 소리가 들렸어.

- 축복이 함께하길…
- 건강한 별이네요.
- 영롱하길 바랄게요.

얼마 전부터 동쪽 하늘에서 빛의 기운이 심상치 않게 느껴지더니
이내 새로운 아이별이 하나 탄생했지.

아이별은 탄생한 것만으로도 사랑받고, 축복을 받았어.

그런데 곧 놀라운 일이 펼쳐졌어.
별과 달과 하늘의 축하를 받은 아이별의 몸이
푸른색으로 빛나는 게 아니겠어?

푸른별이 뭐길래 밤하늘을 놀라게 만들었을까?

보통의 별들은 희미한 노란 빛을 가지고 태어나.
그리고 끊임없이 자신을 단장하며 얼룩 없는 빛을 내려 노력하지.
얼룩이 없고 투명한 노란빛이 날 때, 그제야 '영롱'하다는 명예를 얻어.
그렇게 노란빛들의 한가운데 푸른빛을 가진 특별한 별이 탄생했으니,
하늘의 모든 생명들이 놀랄 수밖에.

푸른별이 태어났다는 소문은 순식간에 퍼져나갔어.

  - 푸른별이 태어났대.
  - 어디서?
  - 동쪽이라던데.
  - 지나가던 구름이 그러는데 빛이 난대.
  - 태어나자마자 푸른 빛이 난다고?
  - 돌연변이 아니야?
  - 특이한 거야 특별한 거야?

별들은 처음 보는 푸른별의 모습에 이러쿵저러쿵 말들을 뱉어냈어.
그 말들이 신기함이었는지 부러움이었는지 질투였는지 모르지만
단지 확실한 것은
별들이 푸른별에 대해 궁금해할수록
푸른별은 점점 더 밝고 선명하게 빛나기 시작했다는 거야.

호기심 많은 별들은 푸른별 옆으로 조금씩 다가왔어.

  - 안녕?
  - 친구가 되고 싶어 찾아왔어.
  - 넌 좀 특별한 것 같아.
  - 푸른빛을 내는 비결이 뭐야?
  - 네 옆에서 함께 지내도 될까?

푸른별은 행복했어.
밤하늘의 많은 별과 구름과 어둠마저 자신을 사랑하는 것처럼 느껴졌거든.

푸른별은 자신의 특별함이 축복 같았어.

먼저 손 내밀지 않아도 다가오는 별들과
지나쳐 가는 혜성과
항상 미소 짓는 온화한 달과
흘러가는 은하수조차도
모두 푸른별의 특별한 빛에 관심을 가졌으니까.

푸른별은 시간이 지날수록 자신의 빛에 대해 궁금해지기 시작했어.
친구 별들은 부지런히 단장을 해야 빛을 낼 수 있는 반면
푸른별은 몸을 단장하거나, 얼룩을 닦거나 하지 않았거든.
그런데도 여전히 푸른빛은 별 주위를 감쌌어.

'내 빛의 시작은 어디에서 오는 걸까?'
푸른별은 얼마 지나지 않아 빛의 비밀을 알게 됐어.
자신에 대한 호기심, 질투를 포함한 모든 관심과
경이로운 동경의 눈빛, 사랑이라고 말하는 것들이 자신을
빛나게 한다는 걸 말이야.
빛의 비밀을 깨달은 푸른별은 자신이 무척 자랑스러웠지.

빛을 잃은 너에게

'나는 존재만으로도 기쁨이 되는 별인가 봐.'

'나는 사랑받으려고 태어난 게 분명해.'

'내가 특별하다니.'

이별

어쩌면, 사라진 빛보다 더 슬픈 건
자신을 사랑해 주는 이들이 없다는 사실이었을지도 몰라.

많은 친구들은 푸른별을 부러워했어.
그 덕분인지 푸른별은 점점 더 눈 부신 빛을 뽐냈지.
조금만 더 빛나면 커다란 보름달만큼 밝게 비출 수 있을 것 같았어.

그런데,
쉽게 얻은 행복은 쉽게 떠나간다는 걸 푸른별은 미처 몰랐나 봐.

푸른별은 관심과 사랑을 받는 게 당연하다고 생각했고,
사랑을 나눌 줄 모르는 상태로 시간은 흘러갔어.

한 해,
두 해,
푸른별이 나날이 밝은 기운을 뿜어내는 동안
친구 별들은 하나둘 지치지 시작했어.
노란 별들의 빛이 푸른빛에 가려졌기 때문이지.

빛을 잃은 너에게

노란 별들은 열심히 얼룩을 닦아내고 몸단장을 했지만,
푸른별 옆에서는 그저 초라한 별일 뿐이었거든.

 - 너를 질투하게 되니 차라리 떠나는 게 좋겠어.
 - 나도 빛나던 별인데, 이제는 너를 자꾸 부러워만 하게 돼.
 - 내게 빛이 나는 걸까? 아무리 단장을 해도 알 수가 없어.
 - 가끔 네 빛은 날 못난 별로 만들어서 슬퍼져.

노란 별들은 더 이상 푸른 별을 아름답게 여기지 않았어.
노란 별들은 은하수와 함께 어울리던 때를 그리워하며
원래의 자리를 찾아가기 시작했지.

특별함에 다가왔던 별들은 이제 더 이상 푸른 별의 곁을 맴돌지 않았어.
모두 각자의 빛이 필요한 자리로 떠나갔거든.
그렇게 동쪽 하늘에서 가장 환하게 빛나던 별 무리들은 흩어졌어.

푸른별은 대수롭지 않게 생각했어.
왜냐면 자신은 특별하니까. 또 사랑받으면 된다고 생각했기 때문이지.
그런데
생각지도 못한 문제가 하나 생겼어.
푸른빛이 점점 사그라들고 있었던 거야.

빛을 잃은 너에게

푸른별을 빛나게 하는 힘은 관심과 사랑이었는데,
친구들이 떠나가니 빛을 잃는 건 당연할 수밖에….
푸른별은 초조해졌어.
친구 별들이 다시 찾아올 거라 믿었지만, 떠난 별들은 돌아오지 않았어.

그렇게 채워지지 않는 외로움의 시간은 점점 길어졌어.
푸른 별은 빛의 밝기가 점점 줄어들었고,
희미한 푸른 빛은 얼룩이 지기 시작했고,
빛이 거의 사라진 후 푸른별의 몸은 잿빛에 가까웠지.
나중에는 가슴 속에 품고 있던 푸르스름한 기운까지 모두 사라져 버렸어.

어쩌면, 사라진 빛보다 더 슬픈 건
자신을 사랑해 주는 이들이 없다는 사실이었을지도 몰라.

그렇게 상처로 가득한 푸른별은 한밤중에는 어둠 속에 몸을 숨기고
별들이 잠자러 들어가는 새벽에서야 잠깐 나와 얼굴을 비추곤 했어.

발견

빛나지 않는 것은 별이 아니란다.

해가 고개를 내밀기 전 불그스름한 빛과 구름이 뒤섞여 만드는 시간.
그 시간이 만들어 내는 오묘한 하늘.
이곳에는 그런 새벽을 좋아하는 아이가 있었어.

아직 코끝이 시린 바람이 여전한 계절이었지만
아이는 그날도 창문을 열었어.

그리고 지붕 위에 하나의 별이 나타났다 사라지는 걸 보았지.

  - …

아주 잠깐이었지만 아이는 분명히 별이라는 것을 알 수 있었어.

'분명히 별인 것 같은데….'

'잠깐이었는데 왜 슬프게 느껴졌을까?'

아이는 나타났다가 사라진 별에 대한 궁금증을 멈출 수 없었어.
세수를 할 때도, 밥을 먹을 때도,
하루 종일 문득문득 떠오르는 새벽 별 때문에
아무 일에도 집중을 할 수가 없었어.

궁금증을 참지 못한 아이는 엄마에게 이상한 별에 대한 이야기를 꺼냈지.
 - 엄마! 오늘 새벽에 얼굴을 내미는 별을 봤어요.

엄마는 늘 그렇듯 대답했어.
 - 또 새벽에 창문을 열었나 보구나. 아직 날씨가 추운데.

아이는 엄마를 바라보며 이야기를 나누고 싶었지만
엄마는 늘 그렇듯 얘기하고 싶지 않은 눈치였어.

엄마는 매일 일이 한가득 쌓여있었거든.
예전 같으면 더 이상 묻지 않았을 아이였을 텐데,
아이는 이상한 별에 대한 질문을 하지 않고는 견딜 수가 없었지.

- 엄마, 그런데 별이 빛나지 않을 수도 있어요?

엄마는 일하던 서류에서 눈을 떼지 않고 대답했어.
- 빛나지 않는 별이라니?

- 오늘 해가 뜨기 전에 지붕 위로 뜬 별이 있었어요.
 어두운 구름 색과 비슷했는데, 잠깐 얼굴을 내밀더니
 슬픈 얼굴을 하고는 금세 사라져 버렸어요.

엄마는 말했지.
- 네가 착각한 거겠지.
 반짝이지 않는 별은 우리가 볼 수 없어.
 그리고,
 빛나지 않는 것은 별이 아니란다.

- 금방 사라졌지만 별이 분명했어요.
 그런데…
 그 별은 슬프고 외로워 보였어요.

엄마는 귀찮은 듯 아이를 보고 말했어.
- 난 또 뭐라고… 별이 슬프다는 이야기는 처음 듣는구나.
 모든 별들은 빛을 내기 마련이야.
 이제 그만하자. 엄마는 지금 보다시피 매. 우. 바. 쁘. 거. 든.
 상상 속 이야기를 하려면 친구들하고 하렴.

풀이 죽은 아이는 고개를 숙이며 자기 방으로 돌아갔지만 별에 대한 생각은 멈출 수가 없었지.

사실 이 아이는 정말 별을 볼 수 있는 아이였어.
아니 정확한 표현으로 얘기하자면 별을 느낄 수 있는 아이지.
언제부터였는지는 모르지만
매일 밤 별들을 바라보면 새로운 세상이 펼쳐졌지.

그렇게 매일 별들의 행복을 보던 아이는 문득 궁금해졌어.
하루를 끝내는 별들은 어떤 마음을 가지고 있을지 말이야.

그래서 아이는 밤이 아닌 새벽 별을 보기 시작했던 거야.
동쪽에서 해가 떠오르려는 준비를 할 때,
해가 하늘을 여는 풍경은 꽤 흥미로웠거든.

빛을 잃은 너에게

어떤 별은 아침을 맞이하면서 밤을 준비했고,
어떤 별은 몸을 빛내다가 지쳐 곯아떨어지는 경우도 있었고,
어떤 별은 해가 완전하게 떠오를 때까지 버티고 버티다가 잠들기도 했고,
어떤 별은 하루를 보낸 자신을 뿌듯해하며 웃음을 전달하기도 했어.

아이는 그렇게 다양한 별들의 모습을 보기 위해 새벽 창을 열었던 거야.

그런데,
오늘 빛나지 않는 슬픔이 가득한 별을 만났으니 얼마나 궁금했겠어.

아이는 그날 밤 일찍 잠자리에 들기로 했지.
내일은 좀 더 일찍 일어나 이상한 별을 보고 싶은 바람에서 말이야.

다시 빛

세상은 밝아오지만 푸른별의 마음에는
밝아오지 않는 어둠의 시간.
외로운 시간이 계속될 것만 같은 두려움이
푸른별을 짓눌렀기 때문이지.

끔뻑끔뻑.
무거운 눈꺼풀,
노란 별들이 하루를 마치기 위해 정리를 하고 있는 새벽의 시간.
하루에 한 번 겨우 얼굴을 내미는 시간인데도
푸른별은 여전히 눈을 감고 있었어.
세상은 밝아오지만 푸른별의 마음에는 밝아오지 않는 어둠의 시간.
외로운 시간이 계속될 것만 같은 두려움이 푸른별을 짓눌렀기 때문이지.

              '오늘도 내가 숨어있어야 할 시간은 얼마나 될까.'

이제는 회색 돌덩어리와 다르지 않은 푸른별.
푸른별에게는 희망도 사라지고 빛도 사라졌어.

'의미 없는 하루가 또 시작되겠구나' 하는 생각을 하는 순간이었어.

'뭐지?'
푸른별은 평소와 다른 느낌을 받았어.
마음 한 귀퉁이에서 미묘한 따뜻함이 느껴졌거든.

그동안의 시렸던 손과 발에 전해지는 은은한 온기…
푸른별은 그제야 눈을 떠 자신의 가슴을 바라보았지.

…

푸른별은 움직일 수가 없었어.

잿빛에 가까웠던 자신의 몸이 아주 미세하게 빛나고 있었거든.
이럴 수가 있나?
푸른별은 서둘러 주위를 둘러봤지만, 다가온 별들은 아무도 없었어.
도대체 어떻게 된 일일까?

한참을 가슴만 바라보던 푸른별에게 낯선 목소리가 들렸어.

  - 안녕?

푸른별을 부르는 소리일까? 하는 생각에 주위를 둘러보았지만
역시 달라진 건 없었어.
무엇을 기대했던 건지.
푸른별은 괜히 웃음이 나왔지.

  - 무슨 기대를 했던 거야?
    설마 내게 기적이라도 일어나길 바랐던 거야? 바보 같이…

푸른별은 '역시' 하는 마음에 씁쓸한 입맛을 다셨어.
바로 그때! 또렷하고 맑은 목소리가 정확하게 들렸지.

  - 너도 역시 별이었구나?

푸른별은 놀라서 선뜻 대답을 하지 못했어.
　- 괜찮아. 놀라지 마.

들려오는 목소리에 푸른별은 어느 쪽을 바라보며 얘기해야 할지
도통 알 수가 없었어.
푸른별은 용기를 내 허공에 자신의 목소리를 내었어.

　- 넌, 누구야? 나를… 아니?

　- 얼마 전 특별한 너를 봤어.

특별하다는 아이의 목소리 위로 동쪽에서는 붉은 꼭두서니 빛이 산과 바다를
물들이기 시작했어.

푸른별은 아이와 계속해서 이야기를 하고 싶었지만
밝아오는 아침 해는 감기는 두 눈에 힘을 주어도 소용없는 일이었지.

결국 푸른별은 아이와 인사 한마디만 나눈 채 또다시
하루의 잠을 자야만 했어.
다음 날도 아이와 이야기를 나누고 싶다는 생각하면서 말이야.

만남

푸른별에게 특별하다는 말은 불행이었거든.
자신이 특별하지 않았다면 친구를 잃지 않아도 됐을 테고,
이렇게 어둠 속에 숨어있지 않아도 됐을 테니까.

아이는 조금 일찍 일어나 새벽 창문을 열었어.
푸른별도 이전보다 일찍 눈을 뜨고 아이를 기다렸지.

  -안녕?
    오늘은 일찍 나왔네?

  -응. 너를 기다렸어.
    오랜만에 나를 불러준 네가 반가웠거든.

푸른별의 마음은 설렘과 기대로 가득 찼어.

아이는 맑은 샘 같은 눈빛으로 푸른별에게 얘기했어.

  -사실 나도 온통 네 생각뿐이었어.
    그제 새벽 너를 발견했을 때 나는 마음이 아팠거든.

  - 왜 마음이 아프지? 나는 그저 못난 별 중의 하나일 뿐인데.

  - 슬퍼보였거든….

푸른별은 자신의 마음을 느낀 아이가 신기할 뿐이었어.

 - 보이지 않는데 어떻게 알 수가 있다는 거야?

 - 난 특별하니까 특별한 너를 볼 수 있지.

특별하다는 아이의 말에 푸른별은 가슴이 쿵 하고 내려앉았어.
푸른별에게 특별하다는 말은 불행이었거든.
자신이 특별하지 않았다면 친구를 잃지 않아도 됐을 테고,
 이렇게 어둠 속에 숨어있지 않아도 됐을 테니까.

 - 난 특별하다는 말을 싫어해.
    처음엔 남들과 다른 특별함은 축복이라고 생각했어.
    그런데, 남들과 다르다는 건 결국 외톨이가 되는 거였어.

푸른별은 지금까지의 모든 일들을 아이에게 말하기 시작했어.
그 목소리에는 벅찼던 지난날의 기쁨이 묻어있지 않아어.
어쩌다 빛을 잃게 됐는지, 특별함이 자신에게 얼마나 큰 상실을 줬는지,
차근차근 아주 담담하게 이야기했지.

아이는 그런 푸른별의 목소리에 마음이 아팠어.
나지막하고 평범한 말투였지만 그 속에는 슬픔과 아픔이 가득 담겨있었거든.

아이는 푸른별에게 말했어.
　- 별아.
　　특별하다는 게 왜 너를 외톨이로 만든다는 거야?

　- 나는 다른 별들이 빛내는 것처럼 그저 평범한 별이 되고 싶었어.
　　남들과 다른 빛은 모두를 떠나게 만들었거든.
　　친구들과 같은 모습이었으면 좋았을 텐데….

푸른별의 이야기에 아이는 대답했다.
　- 넌 우리 엄마와 같은 생각을 하는 모양이구나.
　　엄마는 남들과 다른 걸 매우 이상하다고 생각하거든.
　　얼마 전 너에 대한 얘기를 할 때도 그래.
　　'빛나지 않는 별'은 별이 아니라고 했어.
　　하지만 너는 별이 맞잖아!
　　나는 오히려 모든 게 같아야 한다고 생각하는 게 더 이상해.

빛을 잃은 너에게

푸른별은 놀랐어.
서로의 다름을 당연하다고 생각해 본 적은 한 번도 없었거든.
여태껏 자신을 원망해 왔던 다름이 당연한 거라니….
머리가 복잡해진 푸른별은 그 어떤 말도 대꾸할 수가 없었어.

아이는 그런 푸른별에게 계속 자신의 이야기를 들려줬지.
  - 나는 다른 아이들과 달라.
    얼굴도 다르고 행동도 다르고 생각하는 것도 다 다르지.
    내가 별을 보고 느낄 수 있다고 하는 건, 다른 애들과 달라서 그러는 거야.
    그런데 네 말대로라면 나는 다르니까 특별하지,
    그럼 나는 외톨이가 되어야 할 텐데?
    하지만 난 외톨이가 아닐뿐더러, 너를 만난 게 즐겁기만 해.

푸른별은 그렇게 말해주는 아이가 고마웠지만 또다시 빛낼 수 있다는 헛된 희망을 가지게 될까 두려웠어.
  - 그래. 그럴 수도 있겠다.
    하지만, 다 쓸데없는 일이야.
    나는 다시 빛날 수 있을 거라는 희망은 버렸거든.

아이는 푸른별이 안타까웠어.

  - 별아, 전혀 쓸데없는 일이 아니야.

    쓸데없는 일들이 얼마나 많은 기적을 만드는지 모르는구나?

푸른별은 아이가 하는 이야기를 듣고 있었지만 더 이상 대답할 수는 없었어.

  - 별아?

    별아….

왜 대답이 없었을까?
아이가 고개를 끄덕이며 창문을 닫은 건
밝은 햇살이 방안으로 쏟아지고 있다는 것을 깨달은 후였지.

쓸데없는 것의 가치

쓸데없는 것이란 없어.
길거리에 나뒹굴던 꽃씨가 몸을 숨길 수 있었던 이유,
복숭아를 귀하게 먹을 수 있는 이유,
내 생각이 자랄 수 있는 이유는
모두 다 쓸데없는 것들로 비롯되니까.

둘은 새벽이 되기를 기다렸어.
그리고 대화를 나누는 게 어색하지 않은 사이가 되었어.
아이와 푸른별은 어제 나누지 못한 '쓸데없는 일'에 대해 얘기했지.

  - 내가 널 처음 봤을 때, 그리고 우리가 이야기를 나누기 시작했을 때
    머릿속에는 온통 너에 대한 물음표가 가득했어.
    하지만 이 생각들을 엄마한테 굳이 얘기하지는 않았어.
    머릿속의 단어들을 입 밖으로 쏟아내면
    엄마는 또 쓸데없다고 할 테니까.

푸른별은 아이의 이야기가 더 듣고 싶어졌어.
  - 그럼 그런 생각들은 쓸데가 있어?

아이는 대답했지.
  - 당연하지!
    깨지고 버려진 거울이 쓸데없다고 하지만 그렇지 않아.
    금 간 거울 틈새에서 꽃씨가 자라기도 하니까.
    그것뿐이겠어?
    가을에 바싹 마른 이파리들이 떨어지는 건, 쓰레기가 아니라고.
    마른 잎을 떨어뜨려야 나무가 겨울을 날 수 있으니까!

세상에 쓸데없는 것은 없어.
난 오히려 이런 생각들이 내 머릿속을 자라게 한다고 생각하는걸?

아이는 이어 말했어.
- 나도 예전에는 그렇게 생각했던 적이 있었어.
저번 여름, 할머니 댁에 놀러 갔을 때의 일이야.
할머니께서 복숭아를 몇 개 주시면서 말씀하셨어.
그 해 복숭아는 맛있어서 벌레가 다 파먹었다고 말이야.
정말 그랬어. 벌레 먹은 복숭아가 열 개 중의 여섯 개였거든.
그렇게 귀한 복숭아를 한 입 베어먹었는데, 엄청 달콤하고 향긋한 거야.
먹지 못하는 복숭아가 아까워서 이렇게 말해버렸지.
"벌레는 쓸데없어! 맛있는 복숭아를 네 개밖에 못 먹게 됐잖아."
그랬더니 할머니가 뭐라고 하셨는지 알아?

- 뭐라고 하셨는데?

- 먹을 수 있는 복숭아가 귀하게 느껴지는 건, 누구 덕분이냐고
생각해 보라고 하셨어.

푸른별은 생각 끝에 말했어.
 - 글쎄….
　복숭아를 잘 키운 할머니 덕분 아닐까?

아이는 대답했어.
 - 아니. 틀렸어.
　내가 쓸데없다고 생각한 벌레 덕분이라고 하셨어.

 - 말도 안 돼. 벌레라고?

 - 나도 처음엔 이상했는데, 천천히 생각해 보니까
　할머니 말씀이 맞더라고.
　벌레 먹은 복숭아가 많으면, 맛있는 복숭아는 조금 남게 되겠지.
　그러면 복숭아를 딸 때도 조심조심 소중하게 다루게 될 거고.
　귀하게 얻은 복숭아는 사랑하는 사람에게만 주게 될 테니까.
　그래서 할머니는 벌레가 쓸데없는 게 아니라고 하셨어.
　오히려 귀한 복숭아를 만들어 내는 가치 있는 거라고 하셨지.

푸른별은 뭔지 모를 울컥함에 말을 잇지 못했어.

- 별아.
 쓸데없는 것이란 없어.
 길거리에 나뒹굴던 꽃씨가 몸을 숨길 수 있었던 이유,
 복숭아를 귀하게 먹을 수 있는 이유, 내 생각이 자랄 수 있는 이유는
 모두 다 쓸데없는 것들로 비롯되니까.

푸른별은 쓸데없다고 믿었던 희망을 떠올렸어.
그리고 아이에게 조심스럽게 입을 열었지.
 - 저기, 있잖아….
 나랑 친구 하지 않을래?
 내 곁에 있던 친구들은 모두 떠나가 버렸거든.
 네가 싫다고 하면 어쩔 수 없지만…
 너는 내 마음을 잘 이해해 주는 것 같아서,

아이는 생글 웃으며 말했어.
 - 뭐야, 그럼 그동안은 우리가 친구가 아니었던 거야?
 난 당연히 친구라고 생각했는데?
 내가 너를 보고, 네가 내 목소리를 듣는 거.
 그것만으로도 우리 인연은 시작된 거야.

푸른별은 그런 아이가 마음에 들었어.
어느 날은 위로를 주고,
또 어느 날은 감동을 주고,
어느 날은 웃음을 주고받았지.

별들의 일과가 끝나는 하늘의 시간과
아이의 하루가 시작되는 하늘의 시간이
하나가 되는 때가 행복했어.
비록 한 사람이지만 '친구'라는 존재가 주는 기쁨이 꽤 컸거든.

빛을 잃은 너에게

그러던 어느 날 일은 일어나고 말았지.

사라진 아이

이런 즐거움과 시련이 반복될 바에는
보이지 않는 달 뒤편으로 영영 숨어버리겠다고 생각했어.
.
.
.

영원히 빛나지 않겠다고 말이야.

세상의 하늘이 점점 따뜻해지던 날이었어.
아이가 창문을 열면 예전처럼 코를 시리게 하던 차가운 냄새가 사라지고,
'차갑다'보다는 '시원하다'라는 말이 어울리는 계절이 되었지.

별들이 사는 하늘은 어떤 모습일까?
요즘 푸른별은 이전의 날들과는 다르게 조금 일찍 눈을 떠.
물론 해가 뜨기 전의 새벽인 건 여전하지만.

가슴속의 푸른빛을 바라보면서
여전히 아이가 날 생각하고 있는지 확인을 하지.
그리고 곧 일어날 아이를 기다리며 오늘은 무슨 이야기를 할까 생각하곤 해.

그런데 어제부터 아이의 목소리가 들리지 않아.
어디에 있는 건지,
자신을 보고는 있는 건지,
인사를 아무리 건네봐도 돌아오는 대답은 없었어.

빛을 잃은 너에게

아이를 기다리는 날이 계속됐어.

하루, 이틀, 사흘, 나흘, 그렇게 기대됐었던 하루가 쌓여갔지.

푸른별은 아이가 아픈 건 아닐까 걱정이 됐어.

그런데 시간이 지나도 아무런 소식이 없자 푸른별은 조바심이 났지.

'그 아이도 결국 날 떠난 걸까?'

푸른별은 이제 걱정과 불안이 계속되는 하루가 싫었어.

걱정은 그리움이 되었다가 슬픔이 되었어.
푸른별은 아이가 점점 미워졌지.
이젠 더 이상 세상으로 나오고 싶지 않았어.

이런 즐거움과 시련이 반복될 바에는
보이지 않는 달 뒤편으로 영영 숨어버리겠다고 생각했어.
영원히 빛나지 않겠다고 말이야.

재회

꽃은 여름에도, 가을에도, 눈이 내려도 피어나
잎이 없이 피어나는 꽃.
향기가 없는 꽃,
눈 속에서 먼저 피는 꽃,
모습이 달라도 향기가 안 나도
꽃피는 시기가 달라도 꽃이라고 인정하는 거.
그게 이해야

푸른별은 이전과 같은 생활이 반복됐어.
무거운 눈꺼풀을 겨우 떴다가 빨리 해가 떠버리길 바라는 아침이 돌아왔지.
아이가 준 잠깐의 행복이 푸른별을 더 비참하게 했어.
'희망' 따위를 심어주고선 그렇게 사라져 버리다니,
괜히 마음이 들떠서 더 슬퍼졌다고 생각했지.

생각보다 아이의 흔적은 컸어.
그리고 마음에는 아이와 함께한 추억이
미련과 슬픔, 원망으로 가득 채워지는 중이었지.

'말도 없이 떠날 거면 차라리 다가오지나 말지.'

한숨,
또 한숨.
잠시 얼굴을 내미는 새벽 시간조차 길게 느껴지는 밤.

하루의 시작이 어디고 하루의 끝이 어디인지 알 수 없는 나날이 계속될 때
익숙한 목소리가 들렸지.

- 얘!

  - 별아!

허공에 메아리처럼 울리는 아이의 목소리가 푸른별에게 닿았어.
아이의 목소리가 반가웠지만 푸른별은 대답하고 싶지 않았지.
어차피 또 떠날 거라면 인연을 이어가고 싶지 않았으니까.

  - 설마 날 그사이에 잊은 거야?

잊었냐는 아이의 말에 푸른별은 화가 났어.
  - 잊지 않았어! 잊은 건 너잖아!

아이는 푸른별의 화난 목소리에 깜짝 놀랐어.
  - 미안해. 많이 기다렸지?
    일이 있었어.

푸른별은 그동안 참아왔던 걱정과 그리움, 서러움들이 몰려왔어.
그래서 대답하고 싶지 않았지.

답이 없는 푸른별에게 아이는 말했어.
  - 난 그래도 널 계속 생각하고 있었어.
     진짜야.

푸른별은 그제야 자신의 가슴을 바라봤어.
그리고 여전히 희미하지만 빛나고 있는 푸른빛을 알아챘지.
아이가 자신을 잊지 않았다는 사실에
푸른별은 아이에 대한 미운 감정이 조금씩 녹기 시작했어.

빛을 잃은 너에게

푸른별은 울먹이며 아이에게 말했어.
　- 미안해.
　　네가 날 떠난 줄 알고, 너를 미워했어.
　　그리고,
　　…
　　다시 돌아와 줘서 고마워.

　- 울지마 별아.
　　내가 말도 없이 나타나지 않은 게 잘못인 걸… 미안해.

눈물을 닦아내던 푸른별이 아이에게 물었어.
　- 그동안 무슨 일이 있었던 거야?

아이는 그동안 일어난 긴 이야기를 시작했어.

- 내가 너와 만나지 못한 그날은 유난히 기분이 좋았어.
 시원한 바람이 꽃향기를 태워서 날아왔고,
 온도는 딱 맞아서 춥지도 덥지도 않은 날이었거든.
 발이 유난히 가벼워서 몸이 둥실둥실 떠오를 것 같은 날.
 보통 이런 날에는 기대하지 못한 일들이 일어나곤 하잖아?
 너를 일찍 만나는 기대를 해봤어.
 '우연히 눈을 떴는데 나와 일찍 만나면 얼마나 행복할까?' 잔뜩 설렛지.
 그래서 언덕에 올라갔어.
 거기서는 널 더 가까이 볼 수 있으니까.

푸른별은 조금 용기를 내서 일찍 일어나지 못한 게 후회됐어.
아이의 기대처럼 밤에 우연히 만나면 얼마나 즐거웠을까 생각하면서 말이야.

- 너와 마음이 통하기를 기대하면서 두 팔을 베고 누웠는데, 세상에
 무얼 봤는지 알아?
 눈부시도록 아주 아주 예쁜 하늘.

푸른별은 어떤 하늘이길래 아이가 저렇게 흥분해서 말하는지
더 듣고 싶어졌어.
그래서 귀를 더 기울였지.

　- 하늘에 물감이 뒤섞여 있는데
　　오렌지 껍질을 갈아서 뿌려놓은 것 같았다니까?
　　노랗게 물든 색깔 구름들이 저무는 햇빛을
　　온몸으로 받아내는 그 광경은
　　정말 아름다웠거든.
　　뭐랄까 노란 강물에 주황색 분홍색 페인트를 딱, 딱 한 방울
　　떨어뜨린 모습이었다고.
　　진짜 내 마음이 울렁거릴 정도로 아름다웠다니까.

푸른별은 스스로를 부끄러워하기 전,
모습을 감추기 전에 본 것도 같은 세상의 하늘을 떠올렸지.
　- 혹시 노을을 말하는 거야?

　- 맞아! 노을을 본 적이 있구나!
　　그날의 노을은 정말 내 인생 중에 가장 아름다운 하늘이었다고!

푸른별은 자기 몸에 빛나던 색들에 취해 세상의 노을을
제대로 보지 못했던 것을 조금은 후회했어.
　- 그래서? 좋은 일은 일어난 거야?

한참을 뜸 들이던 아이는 말했어.
　- 음… 글쎄. 사실은 엉망진창이었어.
　　눈을 떠보니 하늘은 깜깜했고, 우리 엄마가 내 볼을 두드리며
　　이름을 계속 부르고 있었거든.
　　널 기다리다가 잠이 들었나 봐.
　　그날 학교랑 집에서는 내가 사라져서 난리가 났었대.
　　그날 엄마한테 얼마나 혼났는지 몰라.
　　엄마가 언덕엔 대체 왜 올라간 거냐고 물었을 때,
　　둘러댈 거짓말이 생각나지 않았어.
　　그래서 어쩔 수 없이 사실대로 말했지.
　　빛나지 않는 별을… 기다렸다고….

푸른별은 아이의 엄마가 쓸데없는 이야기들을 얼마나 괴상하게 여기는지 알고 있었어.
아이의 엄마는 빛나거나 반짝이거나 가장 높은 곳에 있는 것들이 아름답다고 생각하는 사람이었으니까.

  - 엄마에게 또 쓸데없는 생각들을 했다고 혼났겠구나.

하지만 아이에게서 나온 이야기는 예상 밖이었어.
  - 나도 그렇게 생각했어.
    그런데…
    엄마가 날 안더니 갑자기 막 울었어.

  - 엄마가 울었다고? 빛나지 않는 별 때문에?

  - 아니 정확히는 너 때문이 아니라, 나 때문이야.
    어린아이가 혼자서 사라졌다는 건, 보통 일이 아니거든.
    엄마는 아무래도 내가 나쁜 생각을 했다고 믿는 것 같아.

  - 나쁜 생각이라니?

- 엄마는 내가 모든 걸 포기하려고 집을 나갔다고 생각하는 거 같았어.
사람은 종종 내일이 기대되지 않으면 모두 다 버리고 훌쩍 떠난다고 들었거든.
아무래도 엄마는 내가 그랬다고 믿는 거 같았어.
별에게는 스스로 빛을 내고 싶지 않다는 생각 같은 거?
뭐 그런 거랑 같은 맥락이지.

푸른별은 가슴이 뜨끔했어.
스스로 빛나고 싶지 않다고, 숨어버리고만 싶다는 생각이
한동안 가득했으니까.

아이는 이어 말했어.
- 난 나를 사랑해. 그리고 난 내가 좋아.
내 생각들도 사랑하고, 조용함도 사랑해. 아침 해가 오기 전
너와 얘기하는 것도 사랑하고.
그런데 내가 스스로 사라진다고? 말도 안 되잖아!
뭐. 아무튼 내가 아니라고 말해도 엄마는 눈물만 흘리더라고.
그리고 정말 신기한 건 그날 이후로 엄마가 좀 이상해졌다는 거야.

- 엄마가 이상해졌다고?

- 응. 엄마가 내 침대에 올라오더니 내 볼을 쓰다듬다가 같이 잠들었어.
그리고 같이 일어났지.
사랑한다고도 말해줬어.
제일 이상한 건 엄마가 회사를 그만뒀다는 거야.
내가 봤을 때 엄마는 일을 굉장히 사랑하는 사람이거든.
그런데, 나 있잖아. 그게 싫지 않았어.
엄마 품에서 아침이 올 때까지 품에 파묻혀 껴안고 있는 게 좋았거든.
빨리 일어나서 널 만나야 하는데도 엄마 품이 좋아서
조금 더 안고 있다가…
이렇게 시간이 흘러버렸지.
그래서 널 만나러 새벽에 눈 뜨지 못한 거야.

푸른별은 아이를 미워한 일들이 미안해졌어.
- 사실 난 네가 날 떠난 줄 알았어.
다른 별들처럼!

아이는 두 눈이 동그래져 말했다.
- 내가? 내가 왜 너를 떠나?

- 음… 날 이해하지 못해서?
난 언제나 사랑을 받으려고만 하지.
그래서 다른 별들은 나 때문에 슬프다고 했어.
사랑을 주지도 못하는 별이 받기만 하려는 건 이기적이랬어.
그리고 모두 울면서 떠나갔어.

아이는 푸른별이 안타까웠어.
  - 별아.
    난 너를 이해해.

푸른별은 말했어.
  - 후, 대체 이해한다는 게 뭘까?

  - 음… 내 생각으로는 이해란 인정하는 거야.
    우리 할머니가 그러셨어. 이해는 꽃과 같은 거라고.
    세상에는 여러 가지 꽃이 있대.
    꽃은 봄에만 핀다고 알고 있지만
    꽃은 여름에도, 가을에도, 눈이 내려도
    피어난다고 하셨지.
    잎이 없이 피어나는 꽃.
    향기가 없는 꽃,
    눈 속에서 먼저 피는 꽃,
    모습이 달라도 향기가 안 나도
    꽃피는 시기가 달라도 꽃이라고 인정하는 거.
    그게 이해라고 하셨어.

푸른별은 놀랐어.
예쁘다고만 생각했던 꽃들이 이렇게 다양한 모습을 하고 있다는 것도 놀랐고,
다르다는 것을 인정하는 게 이해라는 얘기가 무척 감동적이었거든.

아이는 계속 얘기했어.
  – 난 매번 특이한 생각을 하고, 다른 친구들과 다른 행동들을 해.
     그래서 종종 이상한 애라고 손가락질받지만,
     친구들에게 이해를 바라진 않아.
     그 녀석들이 나의 이 넓은 생각을 알 리가 없지.
     어찌 됐든 결론은, 난 너를 이해한다는 거야.

푸른별은 아이가 사라진 동안에 마음속 못난 얘기들을 꺼냈어.
  – 너와 잠시 만나지 못하는 동안,
     너의 엄마가 걱정하는 그거… 내가 하려고 했어.
     난 스스로 숨었고, 사라지려고 애썼어.
     더 이상 빛나고 싶지 않았거든. 뭐 사실 내가 빛내는 것도 아니지만.

아이는 깜짝 놀라 대답했어.
  – 넌 별이잖아. 나는 네가 빛나지 않아도 있는 그대로의 너를 좋아하지만,
     스스로 빛나고 싶지 않다는 건… 조금 많이 슬퍼.
     왜 그런 생각을 한 거야?

아이의 풀죽은 목소리에 마음이 아팠지만 푸른별은 이야기를 이어갔어.

- 난 사랑받아야 빛날 수 있으니까.
 너마저 떠나간다면 다시는 사랑을 기대하고 싶지 않았어.
 의미 없는 날들이 지속될 바에는
 그저 사라지는 게 낫겠다는 생각을 했지.

아이는 말했지.
 - 하, 엄마가 나를 찾아 헤맸을 때, 이런 기분이었겠구나.
 엄마의 마음도 이해가 되고,
 네가 얼마나 나를 기다렸을지, 얼마나 슬펐을지도 이해가 돼.
 정말 미안해.
 그런데 별아.
 너는 꼭 다른 사람들에게 사랑을 받아야만 빛날 수 있는 거야?

- 지금까지의 경험으로는 그래.
 특별해서 다가온 사랑들은 내게 불행이었어.
 사랑받아야만 빛난다는 걸 다르게 말하면,
 누군가 사랑해 주지 않으면 하찮은 별이 된다는 거니까.

한참을 생각하던 아이는 긴 침묵 끝에 입을 뗐어.
 - 별아.

- 응?

- 너는 너 자신을 사랑해 볼 생각은 없어?

푸른별은 어리둥절해서 아이에게 되물었지.
- 내가… 나를… 사랑한다고?

푸른별은 뭐라고 말을 해야 할지 몰랐어.
한 번도 스스로를 사랑하겠다는 생각은 한 적이 없었으니까.
어떻게 하면 사랑을 받을지, 어떻게 해야 다른 별들이 떠나지 않을지
늘 걱정뿐이었는데.
어쩌면 푸른별을 괴롭혔던 외로움은
자신에게서 비롯된 것일 수도 있겠다는 생각이 들었지.

아이는 푸른별이 생각하는 동안 말을 이었어.
- 너를 네가 사랑해 주면 어떨까?
　그러면 다른 친구들에게 관심을 받으려고 애쓰지 않아도 되고,
　누군가 떠나갈까 두려워하지 않아도 되잖아.

- …

사랑할 결심

힘내라는 뻔한 말은 하고 싶지 않아.
대신에 네가 방법을 찾을 때까지 널 믿고 함께해 줄게.
그게 너를 응원하는 내 방법이야.

푸른별은 해가 뜨고 밤이 다시 찾아올 때까지 길고 깊게 생각했어.

'스스로를 사랑해서 빛이 난다면,
내 옆에 누군가 떠날까 두려워하지 않아도 돼'

'사랑받기를 원하고 기대하다가, 다시 실망으로 돌아가는 일은
반복하고 싶지 않아.'

'그래, 날 스스로 사랑하지 않으면,
다른 이들이 나를 사랑 해줘도 언제나 난 불안할 거야.'

그래서 아이의 말대로 자신을 사랑해 보기로 했지.

하지만, 스스로 사랑하는 방법을 찾는 건 생각처럼 쉽지 않았어.
어두운 방 안에서 꺼진 촛불의 연기를 만지는 것처럼 막막했거든.

  - 너무 어려운 일이야.
   작고 초라한 존재인 내가 너무 큰 욕심을 냈나 봐.

한참의 침묵 끝에 꺼낸 아이의 말엔 진심이 묻어 있었어.
  - 별아, 나는 힘내라는 뻔한 말은 하고 싶지 않아.
   대신에 네가 방법을 찾을 때까지 널 믿고 함께해 줄게.
   그게 너를 응원하는 내 방법이야.

빛을 잃은 너에게

푸른별은 묵묵히 자신을 바라봐 주는
아이에게 고마웠어.
아이를 생각하면 하루에도 몇 번씩
무너져 내리는 마음을 견딜 수 있었거든.

꿈

모두 반짝이고 밝아지기만을 바랐으니까.
빛나지 않아도 아름답다는 걸 대부분은 모르지.

'나를 사랑하는 방법'
제자리에서 맴돌고 헤매는 질문이지만
많은 좌절에도 푸른별의 간절한 마음은 멈추지 않았어.

빛을 잃은 너에게

하루, 이틀, 사흘,
자신을 사랑하기로 결심한 후부터 첫 번째의 보름달이 뜨고 지고,
두 번째의 보름달이 만들어질 때쯤 푸른별은 꿈을 꿨지.

어두운 공기.
적막한 고요.
하지만 시리지는 않은 느낌이었어.
이따금 온화한 바람은 다가와서 뺨을 간질였고,
이전과는 다르게 외롭다는 느낌은 전혀 들지 않았어.

보이지 않았지만 누군가 안아주고, 응원해 주는 것 같았지.
포근하기도 했고, 고요한 분위기가 평화롭게 느껴져서
불안한 마음은 조금도 고개를 들지 않았어.
무겁지 않게 뜬 눈으로 바라본 꿈속 세상은 오묘했어.

밝고 찬란한 태양도 없고, 은은한 별무더기도 없는 세상이었지만
보랏빛 쪽빛 다홍빛 노란빛이 한데 뒤섞여 조화를 이뤘지.
뒤죽박죽이면서도, 정신이 차분해지는 처음 보는 광경이었어.

그때 어디선가 아이의 목소리가 들렸어.
　- 흔적들이야.

구름이 머물렀던 자리
꽃향기가 흩어지는 속도
먼지들의 산란
아이들의 웃음소리가 남긴 잔상
모두가 색을 지닌 흔적들이지.

푸른별은 물었어.
　- 처음 보는 것들이야.
　　왜 전에는 이런 걸 못 본 거야?

　- 모두 반짝이고 밝아지기만을 바랐으니까.
　　빛나지 않아도 아름답다는 걸 대부분은 모르지.

빛을 잃은 너에게

푸른별은 계속해서 눈앞의 세상을 보느라 정신이 없었어.
오색으로 가득한 하늘의 바다에는 보고 싶은 모든 것들이 펼쳐져 있었거든.
꽃 피우는 색에 맞춘 향기가 흘러간 흔적과
무지개가 물기를 빨아들인 감촉
고래가 뿜어내는 물줄기의 시원함까지.
보려고 마음만 먹으면 얼마든지 느낄 수 있는 세상이었어.
그렇게 한참을 모든 것들의 흔적들을 따라가며 꿈을 꿨어.

'끔뻑끔뻑'

눈을 뜬 푸른별은 한동안 정신을 차릴 수 없었어.
빛을 내는 세상에서는 볼 수 없는 것들의 세상.
여운이 깊어서였을까.
푸른별은 아직도 꿈에서 깨지 못한 듯 혼란스러웠어.

진실

푸른별은 눈에서 왈칵 눈물이 쏟아졌어.
그동안 나를 사랑하지 못해서
고민하던 시간과 방황했던 시간들이 머릿속에 지나갔거든.
상처와 슬픔과 두려움으로 얼룩졌던 지난날들을
웃으며 추억할 수 있는 날이 다가오고 있었던 거야.

아이는 푸른별의 꿈 이야기가 몹시 흥미로웠어.
사실은 푸른별이 이야기하는 태도가 더 흥미로웠지.

빛나지 못하는 자신을 탓하고, 숨으려고만 하던 푸른별이었는데,
빛나지 않는 세상 속을 이야기할 때의 모습은
꼭 있는 그대로의 푸른별 같았거든.

  - 별아.
아이가 조그만 목소리로 말했어.

꿈 얘기를 한창 하던 푸른별은 그제야 내내 자신만 말하고 있다는 걸 깨달았어.

- 미안, 내가 너무 신기했던 세상이라 정신없이 말했지?
 이렇게 오랫동안 말한 건 처음인 것 같아.

- 있잖아 별아, 네 목소리에서 호기심이 들려.
 더 보고 싶고, 더 많이 느끼고 싶고,
 빛나지 않는 세상 속의 즐거움이 행복해 보여.
 어쩌면 그 세상이 진짜일 수도 있을 것 같아!

푸른별은 의심하며 말했어.
 – 에이 말도 안 돼!
  꿈속 세상이 진짜라고?

 – 응, 네가 그렇다고 믿으면 진실이 되는 거니까.
  넌 너의 세상을 찾게 될 거야.
  그리고, 곧 널 사랑하는 방법도 알게 될 거야!

푸른별이 웃으며 말했어.
 – 에이 뭐야.
  꿈 하나 꿨다고, 사랑하는 방법이 '짠'하고 나타날 리가 없잖아.

아이는 얘기했어.
 – 역시… 넌 네가 점점 변하고 있다는 사실을 몰랐던 거구나?
  별아, 너는 스스로를 조금씩 사랑하고 있어.
  요즘은 해가 일찍 뜨는데…
  우리가 만나서 얘기하는 시간이 점점 늘어나잖아.
  이상하지 않아?

정말 그랬어.
여름이 되면서 해는 길어졌고, 아침과 낮의 시간이 길어지면서 새벽의 시간은 점점 일찍 다가오고 있었거든.
그런데도 아이와 변함없이 얘기하고 있었다는 건.
푸른별이 눈 뜨는 시간이 점점 빨라졌다는 거지.

- 별아, 너는 모르겠지만.
  네가 스스로를 사랑하는 방법을 찾겠다고 다짐한 순간부터
  넌 조금 달라져 있었어.
  여느 때보다 아주 조금 밝아졌고,
  다음날은 아주 조금 더 밝아졌지.

- 내가… 조금씩 변하고 있었어?

푸른별은 눈에서 왈칵 눈물이 쏟아졌어.

그동안 나를 사랑하지 못해서 고민하던 시간과 방황했던
시간들이 머릿속에 지나갔거든.
상처와 슬픔과 두려움으로 얼룩졌던 지난날들을 웃으며
추억할 수 있는 날이 다가오고 있었던 거야.
자신을 사랑하는 방법을 찾겠다고 애썼던 시간들이
헛되지 않아서 다행이었지.
아이의 말대로라면
스스로를 사랑하겠다는 마음만으로도 이미
달라지고 있었던 거니까.

푸른별은 눈물을 닦으며 얘기했어.
　- 나, 내일은 다른 별들이 일어나는 시간에 맞춰서
　　일어나 볼래!
　　더 용기를 내볼 거야.
　　별들이 일어나는 시간에 일어나서
　　꿈속 세상을 찾아볼 거야.

푸른별이 이야기를 끝내자 또 변화가 일어났어.
역시 그 변화는 아이가 먼저 눈치챘지.

- 별아!
네 몸이 예전보다 조금 더 환해진 것 같은데?

푸른별은 자신의 가슴을 봤어.
아이가 건네주던 사랑으로 빛났던 부분이,
그 좁고 희미하던 빛이 넓게 퍼져나가고 있었지.

다시 만난 꿈

자신이 스스로를 믿으면 진실이 된다.

아이와 푸른별이 만나는 시간은 이제 새벽이 아니라 밤이 되었어.
다른 별들이 몸단장을 하기 시작할 때,
푸른별도 일어나서 아이를 기다렸지.
사소하지만 행복한 이야기, 시시콜콜한 이야기들로 밤이 무르익으면
아이는 잠을 자러 들어갔지.

그리고,
그렇게 둘만의 행복한 이야기들로 만들어 가던 어느 날 밤.
푸른별은 자신의 세계를 만나게 됐어.

그날도 푸른별은 멀리서 반짝이는 은하수와
자신의 은은한 푸른 가슴을 번갈아 바라보고 있었어.
그러다가 문득 이런 생각이 들었지.

'나는 왜 그동안 저렇게 화려한 빛을 내려고 했을까?'
'눈부시게 반짝이고 빛이 나야만 훌륭한 별일까?'
'은은한 별은 빛난다고 할 수가 없는 걸까?'

마음이 단단해진 탓인지.
용기가 생긴 탓인지.
혼자 있던 시간들에 익숙해졌던 탓인지 모르겠지만
지금 이대로의 빛도 충분히 사랑받을 수 있을 거라는 희망이 막연하게 생겼어.

그제야 푸른별은
멀리 반짝이던 별무더기와 은하수만 바라보던 시선을
어두운 자신의 주위로 옮겨왔지.

푸른별은 무엇을 보았을까?
먼지였어.
푸른별 주위로 맴돌고 있던 우주의 먼지들이 멀리 퍼지고 있었거든.

먼지들은
허공을 떠다니며 푸른 별빛을 자양분 삼아 주렴처럼 반짝거렸어.
마치 내 세상 속에서만 펼쳐진 작은 불꽃놀이 같았지.
푸른별은 꿈에서 본 세상들을 떠올렸어.

빛이 없는 곳에서만 볼 수 있었던 흔적들.
'어쩌면 여기서 먼지들의 산란을 볼 수 있는 것은,
내가 덜 빛났기 때문에 가능하지 않았을까?'

꿈속 세상을 마주한 현실.
자신이 믿으면 진실이 된다던 아이의 말.
푸른별은 이제 알 것 같았어.
자신이 빛나야 하는 이유.
정확히는 자신이 반짝이지 않아도 아름다울 수 있는 이유.

나를 사랑한다는 것은
나만의 세상을 만든다는 것을 말이야.

눈부시게 빛나는 별이 아니어도 충분히 아름답다고 생각했어.
자신은 이제 떠다니는 먼지들과
지나가는 혜성들에 은은한 흔적을 남게 할 수 있는
빛을 가지게 됐거든.

아무도 관심 없는 것들을 비춰
아름답게 만드는 자신이 너무 자랑스러웠어.

드디어.
푸른별은 세상에서 빛을 내야 하는
이유를 알게 됐어.
그리고 곧 자신의 빛을 사랑하게 됐지.
결국에는 자신을 사랑하는 방법을
돌고 돌아 알게 된 거야.

푸른별은 그렇게 찾아 헤매던 자기만의 빛을 찾았어.
은은하고 온전하기까지 한 빛을

푸른별

모든 것들은 의미가 있어.
빛나든 빛나지 않든,
높은 위치든 낮은 위치든,
각박한 세상에 툭 떨어진 것 같은 누군가에게도
분명히 행복은 있어.

이후로 수많은 시간이 피었다가 졌어.

수많은 날 동안 찾아 헤맨 푸른별의 빛은 지금도 빛나고 있지.
다른 친구들의 사랑이 아닌,
오직 자신을 사랑하는 마음으로 가득 채워서 말이야.

푸른별은 더 이상 외롭고 슬프지 않아.
외롭고 소외되고, 빛나지 않는 것들을 볼 수 있게 됐거든.
푸른별은 그런 것들을 이따금 비춰 주곤 해.
아이가 푸른별에게 했던 것처럼….
그리고 이야기하지.

　- 모든 것들은 의미가 있어.
　　빛나든 빛나지 않든,
　　높은 위치든 낮은 위치든,
　　각박한 세상에 툭 떨어진 것 같은 누군가에게도
　　분명히 행복은 있어.

어쩌다가 네가 널 잠시 내려놓더라도 넌 계속 빛날 거야.
누군가는 널 계속 사랑하고 있을 거거든.

아이는 어떻게 됐는지 궁금하다고?
글쎄….
빛을 잃은 다른 별들을 찾아 떠나지 않았을까?

어쩌면 …

빛을 잃은 너에게

지금도 막막함에 울고 있을 너에게로 말이야.

저자의 말

꿈꾸던 세상으로 가는 길
그 길에는 작은 웅덩이나 깊은 골짜기나 비바람이 있기 마련입니다.
누군가는 이제 꿈을 꾸고 있을 테고
누군가는 골짜기에서 길을 잃어 헤매고 있을 수도 있습니다.
또 누군가는 비바람이 그치길 하염없이 기다리고 있겠죠.

제게도 무력하고 지친 하루가 계속되던 날들이 있었습니다.
꿈꾸는 세상이 무엇인지, 목표도 길도 잃어버린 채
그저 눈을 뜨면 아침이고, 눈을 감으면 밤이 되겠거니 생각하며
버티고 또 버티던 나날들….
'산다'는 단어보다 '살아낸다'라는 단어가 어울리는 시간이었습니다.
살고 싶었고, 웃고 싶었고, 삶을 증명하려 몸부림치던 날들이 모여
이야기가 시작됐습니다.
이 글의 마침표를 찍으면서 조금은 삶의 의미가 생겼고,
언젠간 푸른별처럼 온전한 내면의 세계를 완성할 날도 올 거라 생각합니다.

푸른별은 누구든 될 수 있습니다.
스스로의 가치를 찾지 못한 자신일 수도 있고, 친구일 수도 있고,
가족일 수도 있겠죠.
혹 주변의 누군가가 생각난다면
책의 '아이'처럼 묵묵히 믿고 응원해 주세요.
결국엔 그도 자신의 가치를 찾아낼 겁니다.

그동안 저를 묵묵히 응원해 준 당신에게…
고맙습니다.

빛을 잃은 너에게

초판 1쇄 인쇄	2025년 09월 17일
초판 1쇄 발행	2025년 09월 24일
글	진분홍
그림	송하나·김민
펴낸이	김양수
편집	연유나
펴낸곳	휴앤스토리
	출판등록 제2016-000014
	주소 경기도 고양시 일산서구 중앙로 1456 서현프라자 604호
	전화 031) 906-5006
	팩스 031) 906-5079
	홈페이지 www.booksam.kr
	이메일 okbook1234@naver.com
	블로그 blog.naver.com/okbook1234
	페이스북 facebook.com/booksam.kr
	인스타그램 @okbook_
ISBN	979-11-93857-24-3 (03800)

* 이 책은 저작권법에 의해 보호를 받는 저작물이므로 무단전재와 무단복제를 금지하며, 이 책 내용의 전부 또는 일부를 이용하려면 반드시 저작권자와 휴앤스토리의 서면동의를 받아야 합니다.
* 책값은 뒤표지에 있습니다.
* 파손된 책은 구입처에서 교환해 드립니다.
* 이 도서의 판매 수익금 일부를 한국심장재단에 기부합니다.

휴앤스토리, 맑은샘 브랜드와 함께하는 출판사입니다.